女声合唱とピアノのための

花に寄せて

星野富弘＝作詩
新実徳英＝作曲

カワイ出版

『花に寄せて』の女声版をここに上梓する運びとなり，これもこの曲を愛唱してきて下さった方がたのおかげかと思うと，作曲者冥利に尽きる。星野富弘さんの詩画集『風の旅』（立風書房）に感動して混声版を作曲し出版されたのが1986年，あれからまだ2年を経たばかりである。

　曲の内容・精神が混声版と少しも変わらないのは言うまでもないことだが，女声版作製にあたっては編曲というよりもヴァージョンにすべきだと考えた。原則的にはパートが一つ減るわけだし，各パートの音域も異なるのである。ある箇所では「女声合唱に作り直す」作業も必要であった。結果，次善の策としての編曲ではなく，オリジナルの女声合唱と言って良いものになったと思う。混声版以上に愛唱されることを願って止まない。また感傷に堕ちることのない芯の強い抒情を歌い上げて下さるようにとも願っている。

　この女声版作製は，ひょんなこと―〈ふみの會〉の皆さん，指揮者の澤田文彦さんとカワイ・ショップでの合唱講習会を共にしたこと―から話しが始まった。この貴重な機会を与えて下さった会の皆さん，澤田さん，併せて今回出版の労をお取り下さったカワイ出版，同編集の服部一夫さんに心よりの感謝をこの場をお借りして表したい。

1988年12月　東京・東中野にて

新 実 徳 英

『花に寄せて』（混声）と私が出会ったのは一昨年のことでした。それ以前から新実氏の作品は，いくつも手がけて来ましたが，偏ることなく，それぞれのパートが魅力的で又，歌い手の生理をよく心得ておられる作曲家と常々感心しておりました。後に作曲家自身，合唱団で歌っていらしたことがあると知り，なるほどと頷けたのです。

　この詩にふれた時，何んと冷静に客観的に人間を視ている詩人であろうと感動しました。人は生命のある限り，高慢にも自由に何んでも出来ると，当たり前の如く日常を生きている我々に深い反省を促している様に思えるのです。

　作曲家との出会いは作品よりも後で，カワイ・ミュージックショップ青山で新実作品を取り上げたセミナーが催され，ゲスト講師をお願いした時でした。確か，その日は折りしもボジョレヌーヴォーの解禁日であったように記憶しています。セミナー終了後，近くのレストランでそのワインを傾けながら，『花に寄せて』の女声への編曲をお願いしたところ，快くお引き受けいただき此の度の『ふみの會』の委嘱編曲となった訳です。

　初出版と同時に『ふみの會』リサイタルで女声版『花に寄せて』のうぶ声をあげさせていただけることは私にとりましても団員にも大きな喜びです。

　混声とは又，ひと味違った演奏に成ることと楽しみです。

1989年1月

澤 田 文 彦

● 女声版編曲委嘱：ふみの會
演　奏　初　演：1989年1月29日・学習院記念会館
　　　　　　　　《第2回リサイタル》
　　　　　　指　揮：澤田文彦
　　　　　　ピアノ：藤井孝子

女声合唱とピアノのための
花に寄せて

演奏時間

Ⅰ　たんぽぽ ....(ca. 2′25″)............ 5

Ⅱ　ねこじゃらし ....(ca. 2′20″)............ 9

Ⅲ　し　お　ん ....(ca. 2′15″)............16

Ⅳ　つばき・やぶかんぞう・あさがお ....(ca. 3′05″)............20

Ⅴ　てっせん・どくだみ ....(ca. 3′55″)............26

Ⅵ　みょうが ....(ca. 1′25″)............32

Ⅶ　ばら・きく・なずな ── 母に捧ぐ ── ....(ca. 3′30″)............36

　　詩 46

● 全曲の演奏時間＝約19分30秒

◎ CD
日本伝統文化振興財団：VZCC-30

I たんぽぽ

星野富弘 作詩
新実徳英 作曲

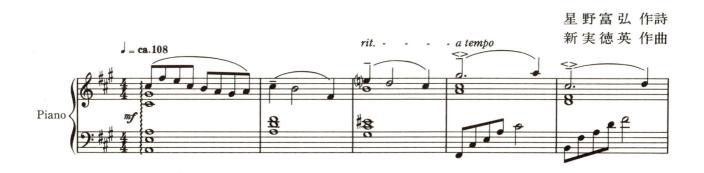

© 1986 by edition KAWAI. Assigned 2017 to Zen-On Music Co., Ltd.

II ねこじゃらし

星野富弘 作詩
新実徳英 作曲

III しおん

星野富弘 作詩
新実徳英 作曲

18

Ⅳ つばき・やぶかんぞう・あさがお

星野富弘 作詩
新実徳英 作曲

V てっせん・どくだみ

星野富弘 作詩
新実徳英 作曲

© 1986 by edition KAWAI. Assigned 2017 to Zen-On Music Co., Ltd.

花に寄せて

星 野 富 弘

I　たんぽぽ

いつだったか
きみたちが空をとんで行くのを見たよ
風に吹かれて
ただ一つのものを持って
旅する姿が
　　うれしくてならなかったよ
人間だって　どうしても必要なものは
ただ一つ
私も　余分なものを捨てれば
空がとべるような気がしたよ

II　ねこじゃらし

思い出の向う側から
一人の少年が走ってくる
あれは白い運動ぐつを
初めて買ってもらった日の
私かも知れない
白い布に草の汁を飛び散らせながら
あんなにも
　　あんなにも嬉しそうに
今に向かって　走ってくる

III　しおん

ほんとうの　ことなら
　　多くの言葉は
　　　　　　　いらない
野の草が
　　　風にゆれるように
　　小さなしぐさにも
輝きがある

IV　つばき・やぶかんぞう・あさがお

木は自分で
動きまわることができない
神様に与えられた　その場所で
精一杯　枝を張り
許された高さまで
一生懸命　伸びようとしている
そんな木を
私は友達のように思っている

いつか　草が
　　風に揺れるのを見て
弱さを思った
今日
　　草が風に揺れるのを見て
強さを知った

一本の茎が
一本の棒を登って行く
棒の先には夏の空
私も　あんなふうに登って行きたい

V　てっせん・どくだみ

花は自分の美しさを
知らないから
美しいのだろうか
知っているから
美しく咲けるのだろうか

おまえを大切に
摘んでゆく人がいた
臭いといわれ

きらわれ者のおまえだったけれど
道の隅で
歩く人の足許を見上げ
ひっそりと生きていた
いつかおまえを必要とする人が
現われるのを待っていたかのように
おまえの花
白い十字架に似ていた

Ⅵ　みょうが

畑の草を一日中むしり
かいこに桑をくれ
夕方　ひょいっと出かけてみょうがをとり
それを売っては
弁当のおかずを買って来てくれたっけねえ
　いつもしょっぱい　こぶのつくだ煮
花の咲いたやつは安くなるからと
花を抜いて売ったことも　あったよね
もんぺと地下たびの間は
蚊にさされた跡が　いっぱいだった
かあちゃん
みょうがを食うとばかになるというけれど
おれは
思い出すことばっかりです

Ⅶ　ばら・きく・なずな

淡い花は
母の色をしている
弱さと悲しみが
　　　　　　混り合った
温かな
母の色をしている

母の手は
　　菊の花に似ている
固く握りしめ
それでいてやわらかな
母の手は
　　菊の花に似ている

神様が　たった一度だけ
この腕を　動かして下さるとしたら
母の肩を　たたかせてもらおう
風に揺れる
ぺんぺん草の実を見ていたら
そんな日が
本当に来るような気がした

詩は立風書房刊「四季抄 風の旅」による

新実徳英 合唱作品

〔混声合唱〕

混声合唱組曲
幼年連祷
吉原幸子 詩　　　　　　　　　（中級）

無伴奏混声合唱のための
マドリガル II
　　　　　　　　　　　　（中〜上級）

混声合唱とピアノによる音画集
海の記憶
川崎洋 詩　　　　　　　（中〜上級）

混声合唱とピアノのための（女声／男声）
花に寄せて
星野富弘 詩　　　　　　（初〜中級）

混声合唱曲集（女声／男声）
空に、樹に…
谷川俊太郎 他詩　　　　　　（中級）

混声合唱とピアノのための（女声）
三つの優しき歌
立原道造 詩　　　　　　　　（中級）

混声合唱とピアノの
いのちの讃歌
川崎洋 他詩　　　　　　（中〜上級）

混声合唱とピアノのための
音楽のとき
川崎洋 詩　　　　　　　　　（中級）

無伴奏混声合唱のための
無量寿如来
　　　　　　　　　　　　　（中級）

混声合唱とピアノのための
空、海、大地と木のうた
工藤直子 詩　　　　　　　　（中級）

無伴奏混声合唱曲のための
死者の贈り物
長田弘 詩　　　　　　　　　（中級）

混声合唱とピアノのための
死者の贈り物 II
長田弘 詩　　　　　　　　　（中級）

混声合唱とピアノのための（男声）
決 意
和合亮一 詩　　　　　　（中〜上級）

混声合唱とピアノのための
黙礼スル 第1番
和合亮一 詩　　　　　　（中〜上級）

混声合唱とピアノのための
黙礼スル 第2番
和合亮一 詩　　　　　　（中〜上級）

ことばは踊る　混声合唱とピアノのために
生きてる
小泉吉宏 詩　　　　　　　　（中級）

〔女声・同声合唱〕

女声合唱組曲
ことばあそびうた
谷川俊太郎 詩　　　　　　　（中級）

女声合唱とピアノのために
失われた時への挽歌
吉原幸子 詩　　　　　　　　（中級）

同声（女声）合唱とピアノのための
はらっぱのうた
木島始 詩　　　　　　　　　（中級）

無伴奏女声合唱のための
風の囁き
大手拓次 詩　　　　　　（中〜上級）

女声合唱とピアノのための
よかし・よかうた
　　　　　　　　　　　　　（上級）

女声合唱とピアノのための2章
無声慟哭
宮沢賢治 詩　　　　　　（中〜上級）

無伴奏女声合唱のための6つの愛唱曲集
愛と慈しみと
高田敏子 詩　　　　　　　　（中級）

女声（児童）合唱のための
三つの祈りうた
佐々木幹郎・和合亮一 詩　（中〜上級）

女声合唱、フルート、ピアノのために
かきつばた
和合亮一 詞　　　　　　（中〜上級）

児童合唱、打楽器、ピアノのために
生まれてから
木島始 詩　　　　　　　　　（中級）

合唱ミュージカル　同声（女声）合唱のために
こころって な〜に？
谷川俊太郎 詩　　　　　　　（中級）

女声合唱とピアノのために
愛のうた 三題
吉原幸子・谷川俊太郎 詩　　（中級）

女声合唱曲集
懐かしい歌〈編曲〉
「夢路より」など　　　　　（初級）

〔男声合唱〕

男声合唱とピアノのための
舞歌III －縄文幻想－
宮沢賢治 詩　　　　　　（中〜上級）

男声合唱とピアノのための
三つのよじれ歌
木島始 詩　　　　　　　　　（中級）

女声合唱とピアノのための　**花に寄せて**

作詩＝星野富弘（ほしの とみひろ）／作曲＝新実徳英（にいみ とくひで）

1989年 2月 1日第 1 刷発行
2025年 6月 1日第75刷発行

発行所＝カワイ出版（株式会社 全音楽譜出版社 カワイ出版部）

〒161-0034 東京都新宿区上落合 2-13-3
電話 03(3227)6286　FAX.03(3227)6296
出版情報 https://www.editionkawai.jp/

楽譜浄書＝サクマガクフ
写　　植＝創美写植
印　　刷＝平河工業社・伸和総業株式会社
製　　本＝三修紙工株式会社

© 1986 by edition KAWAI.
Assigned 2017 to Zen-On Music Co., Ltd.

●楽譜・音楽書等出版物を複写・複製することは法律により禁じられております。
落丁・乱丁本はお取り替え致します。本書のデザインや仕様は予告なく変更される
場合がございます。

ISBN978-4-7609-1484-5